Fantasy Fae

Adult Coloring Book

by

Tabz Jones

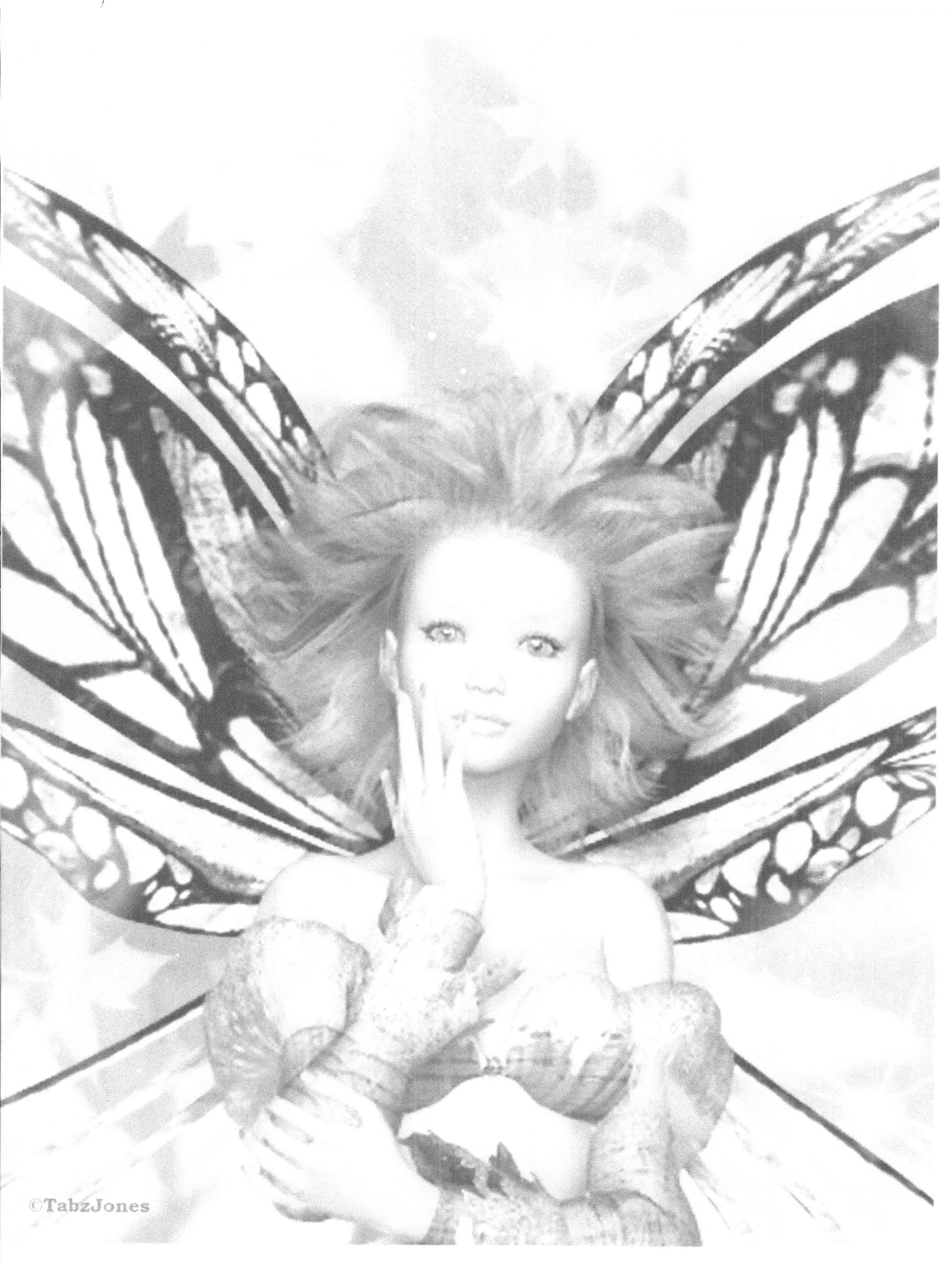

©TabzJones

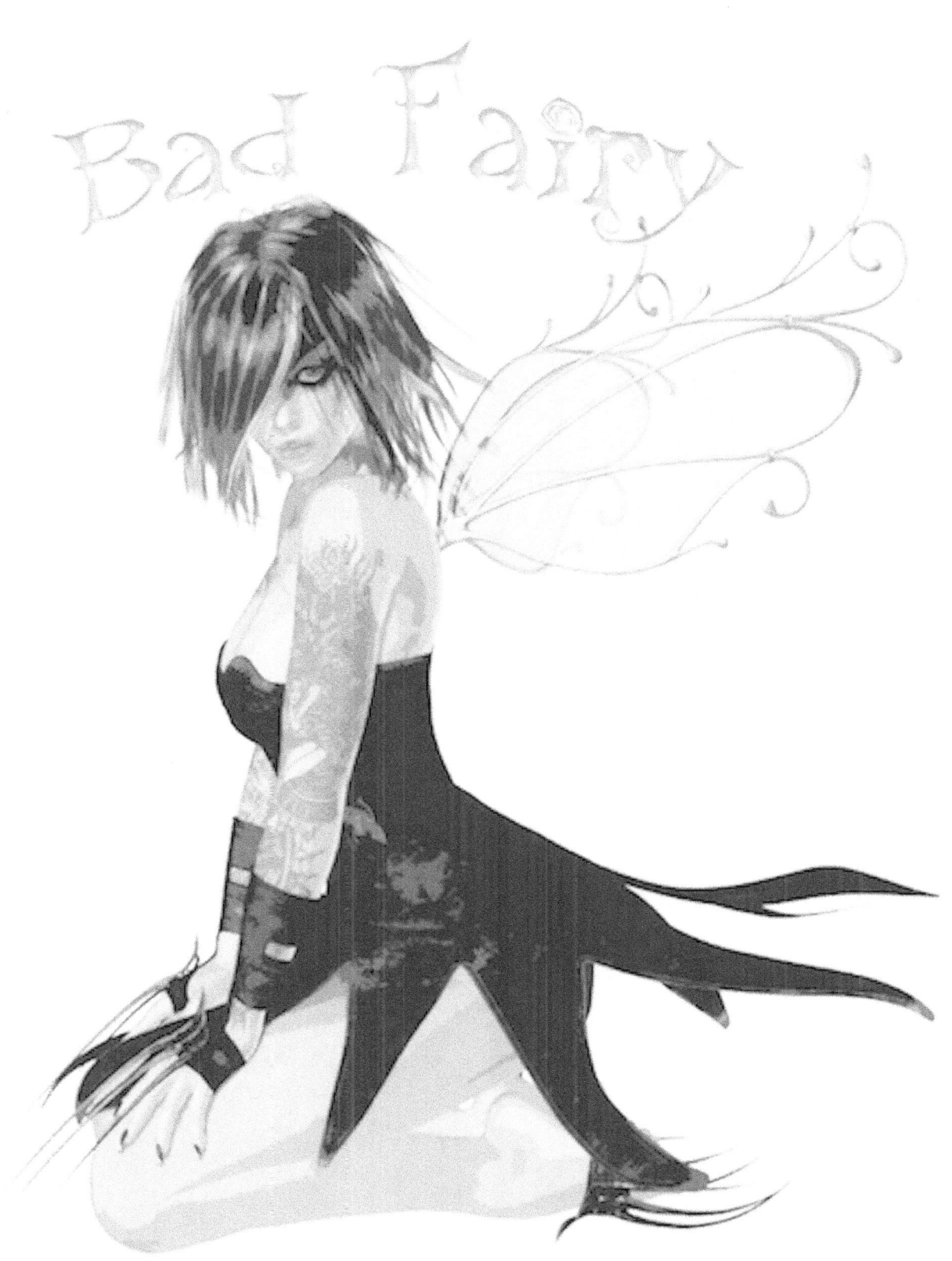

Bad Fairy

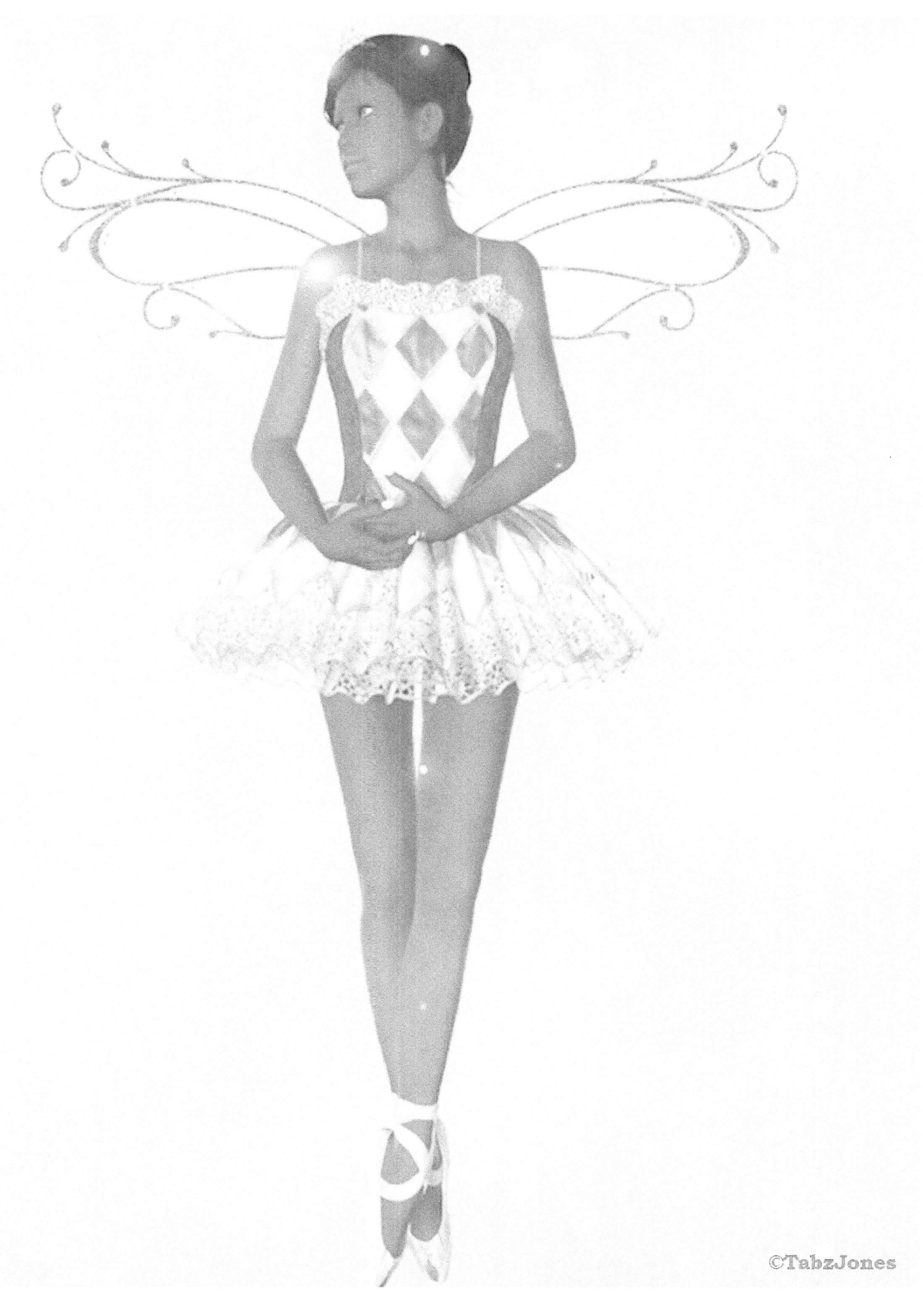

©TabzJones

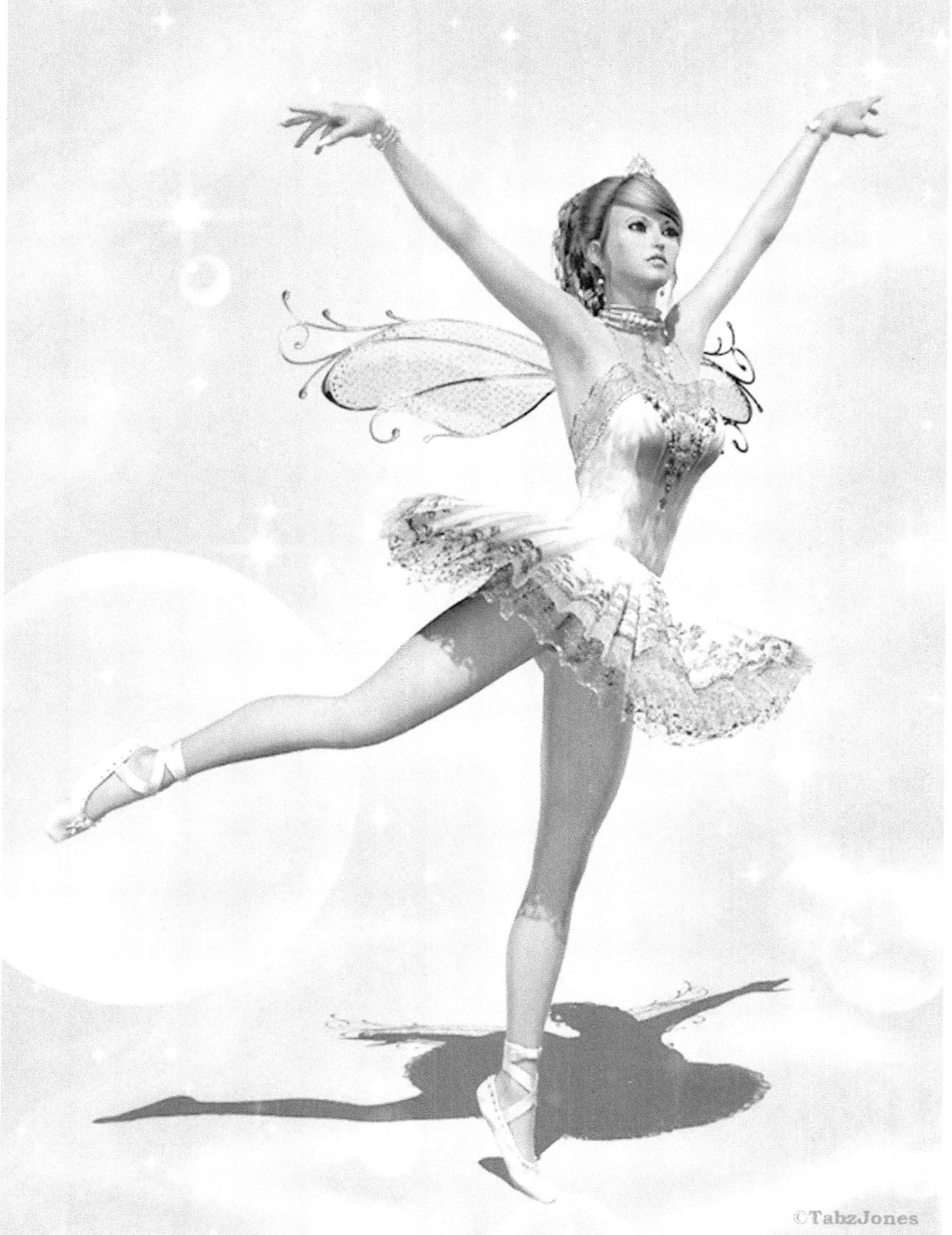

©TabzJones

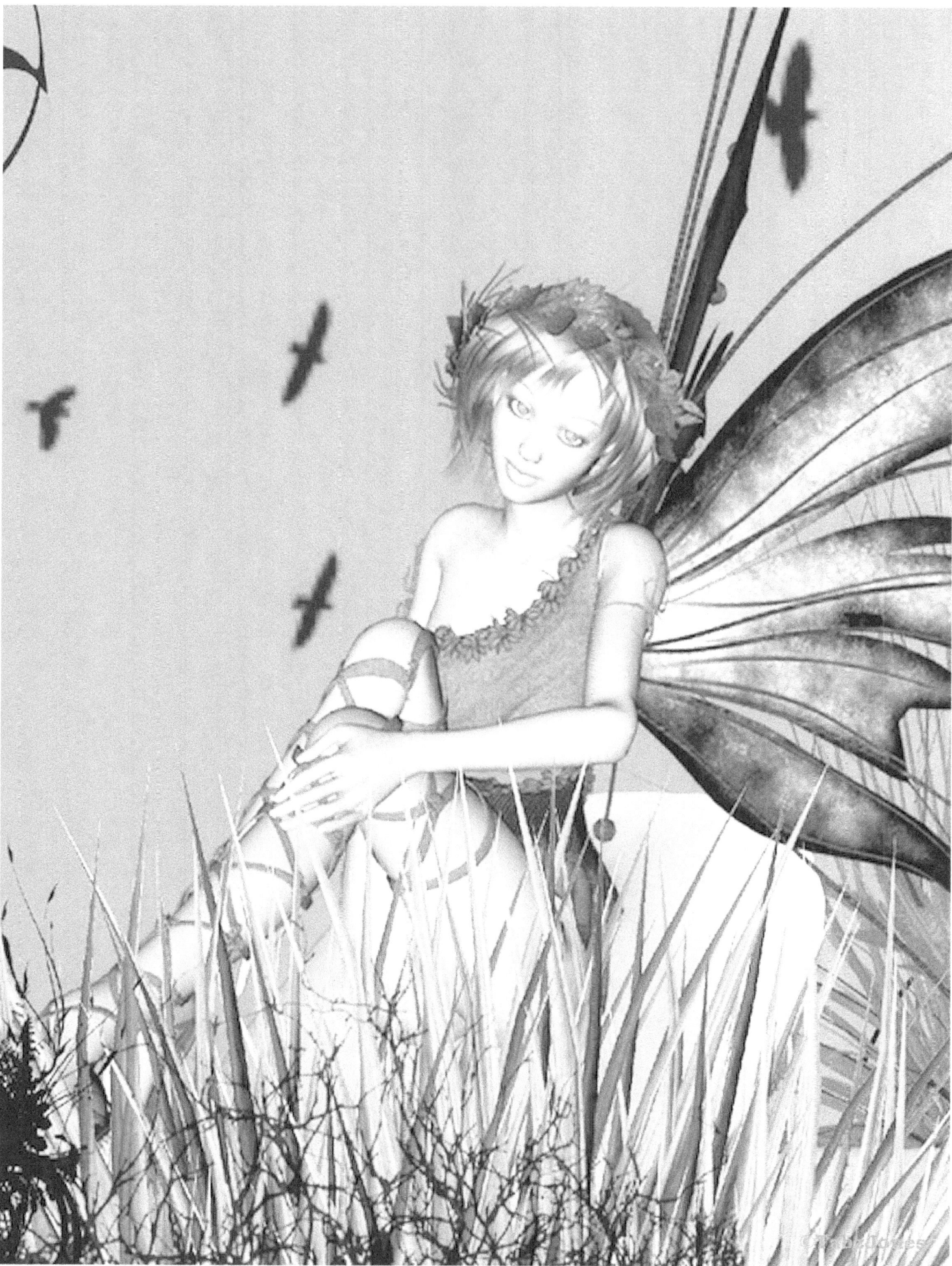

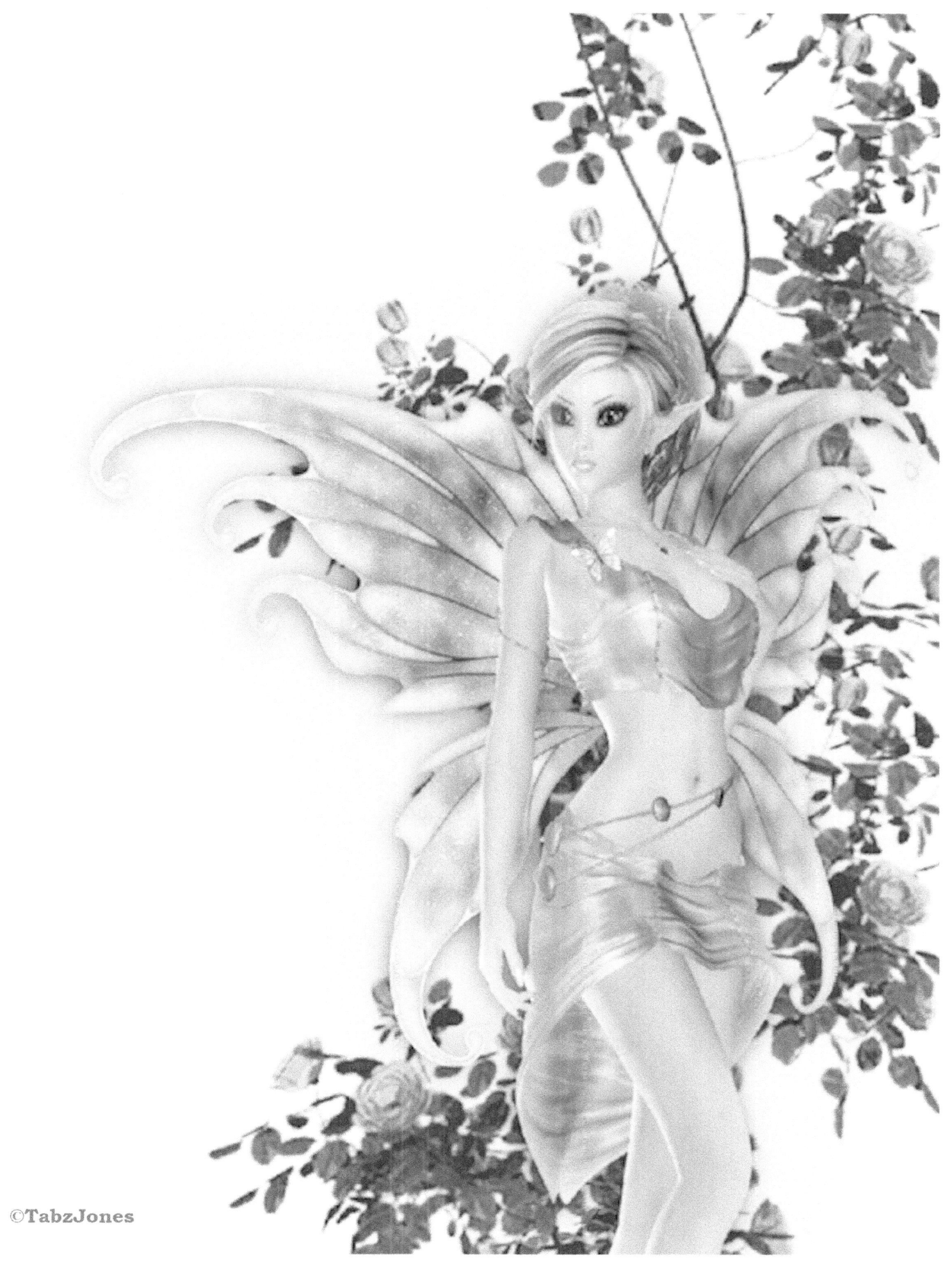

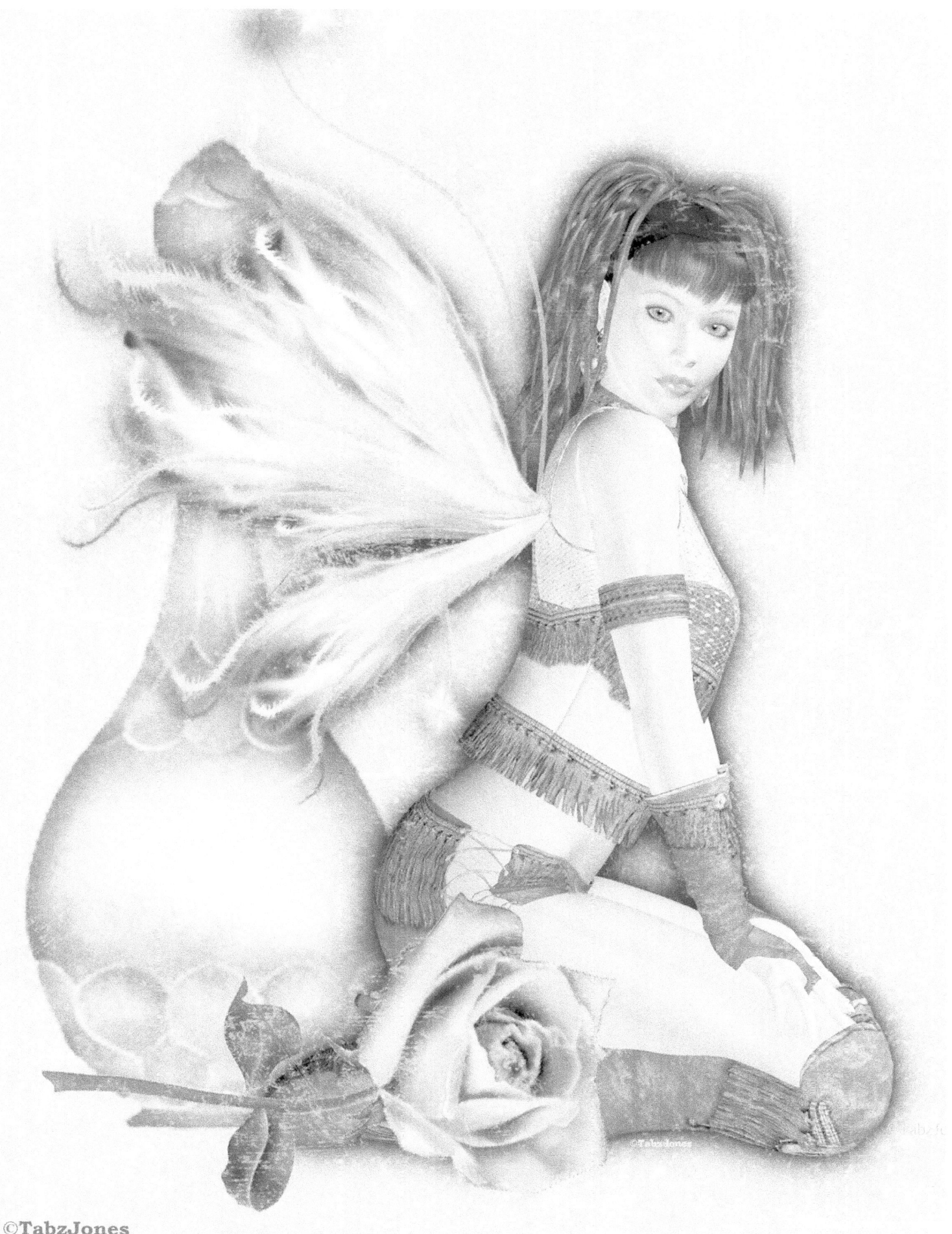

©TabzJones

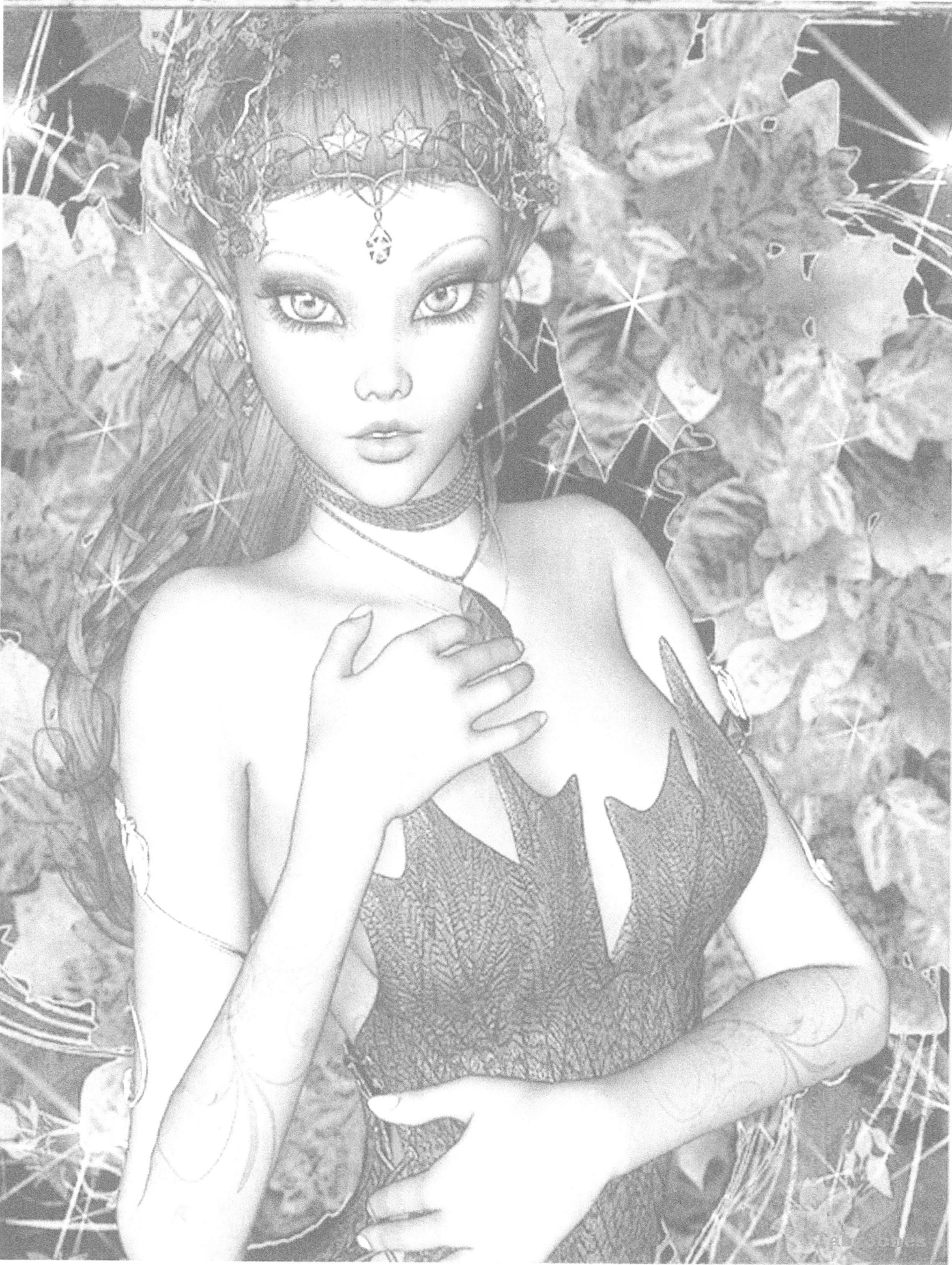

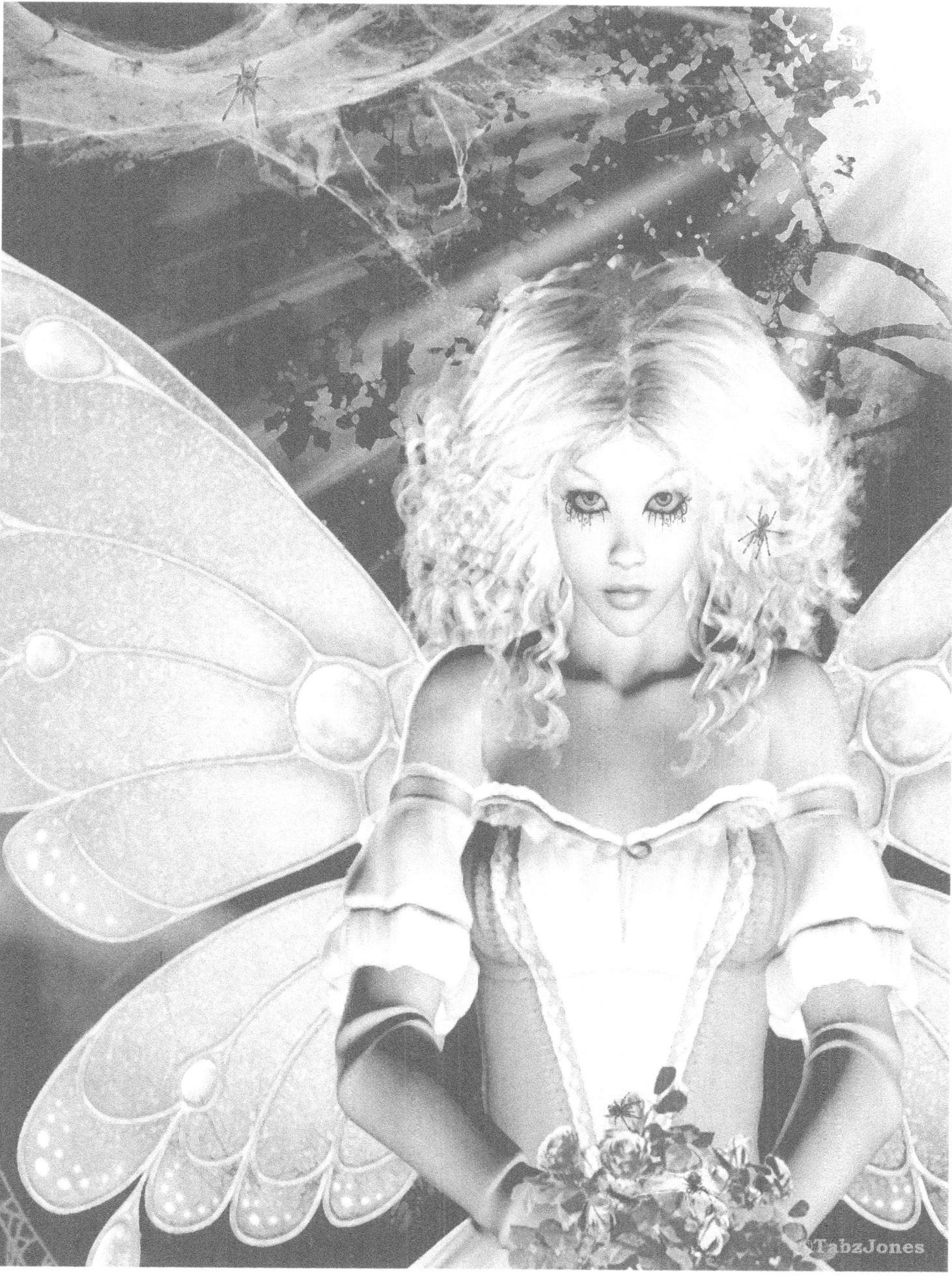

TabzJones

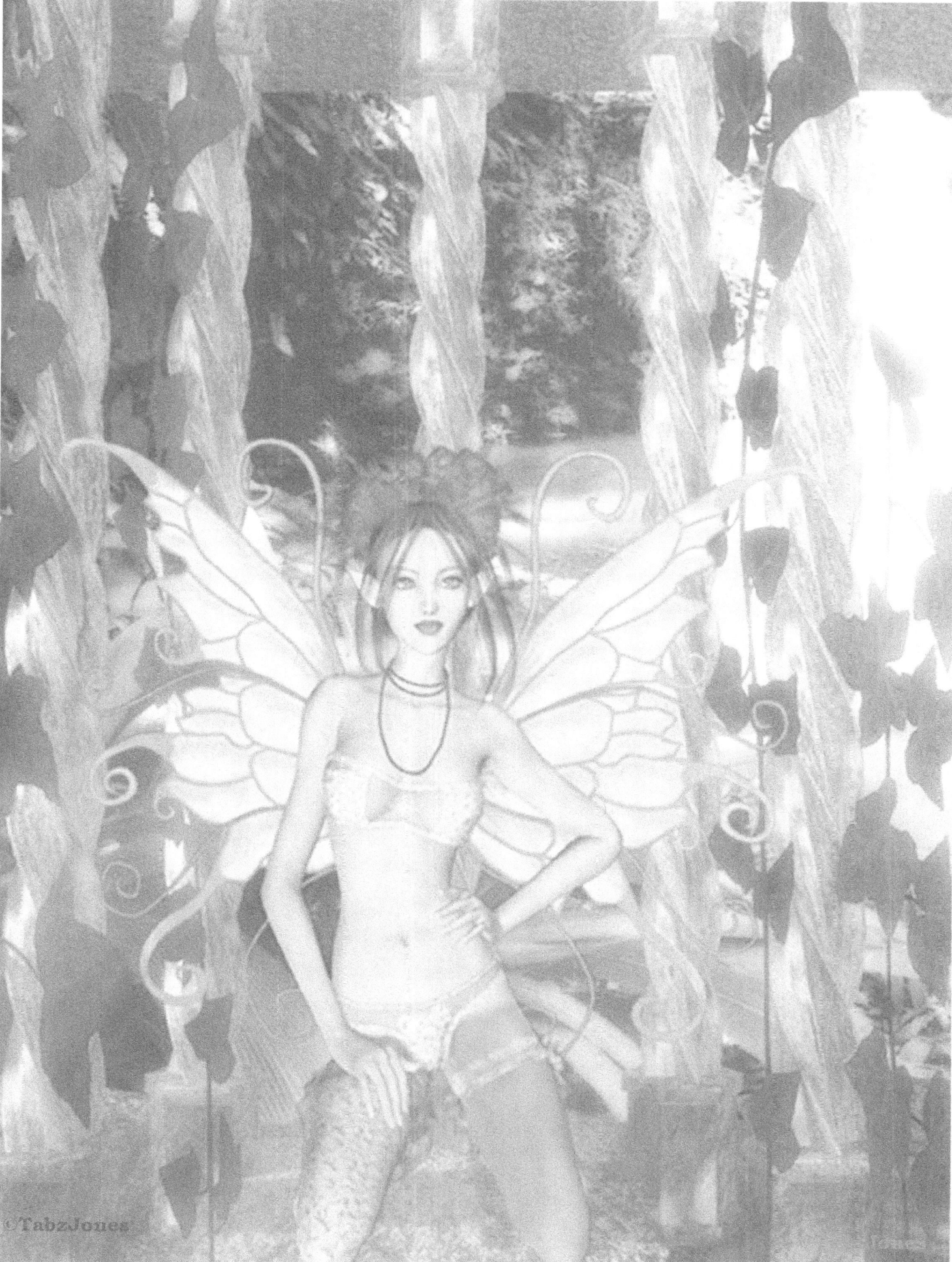

©TabzJones

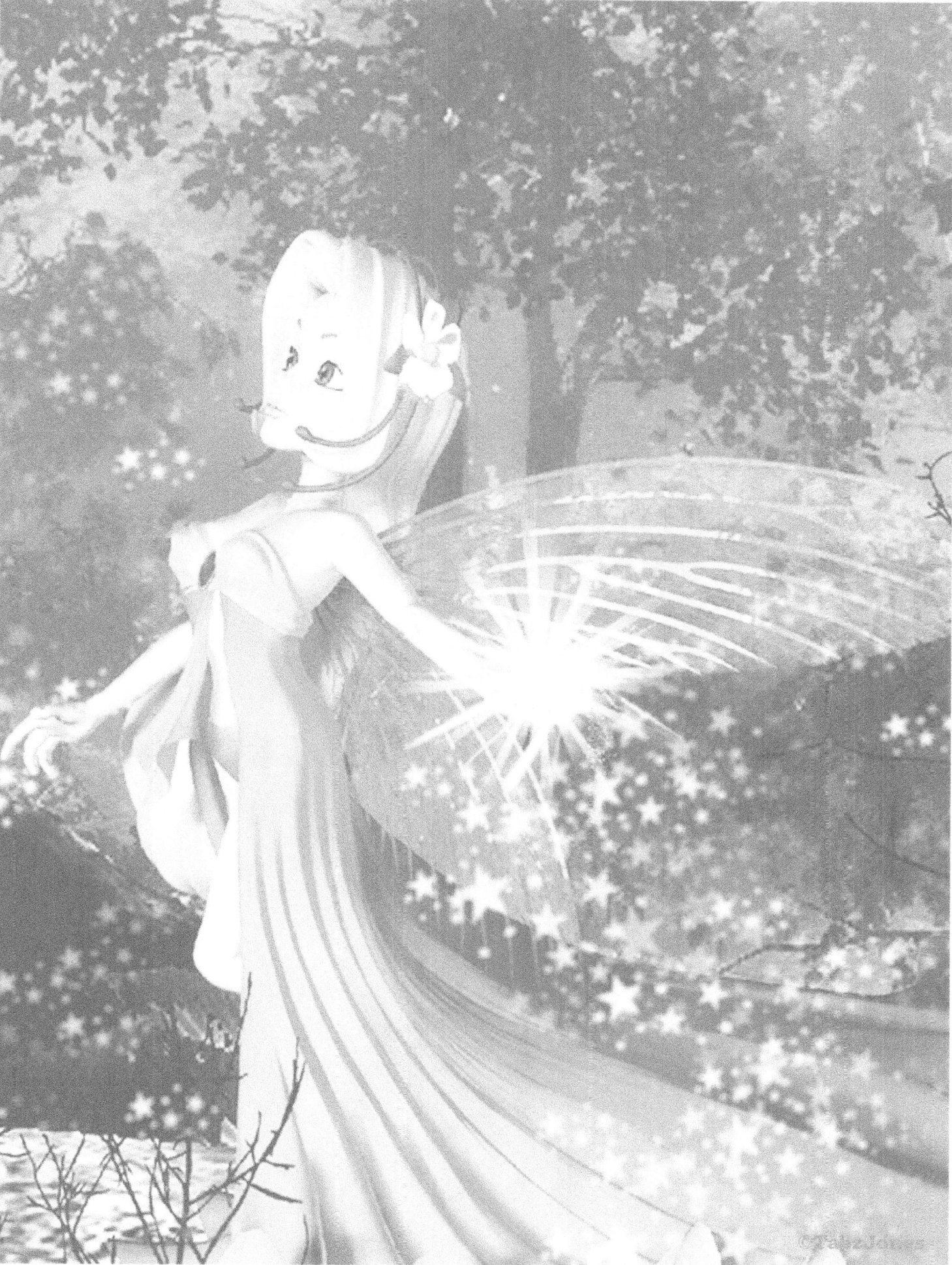

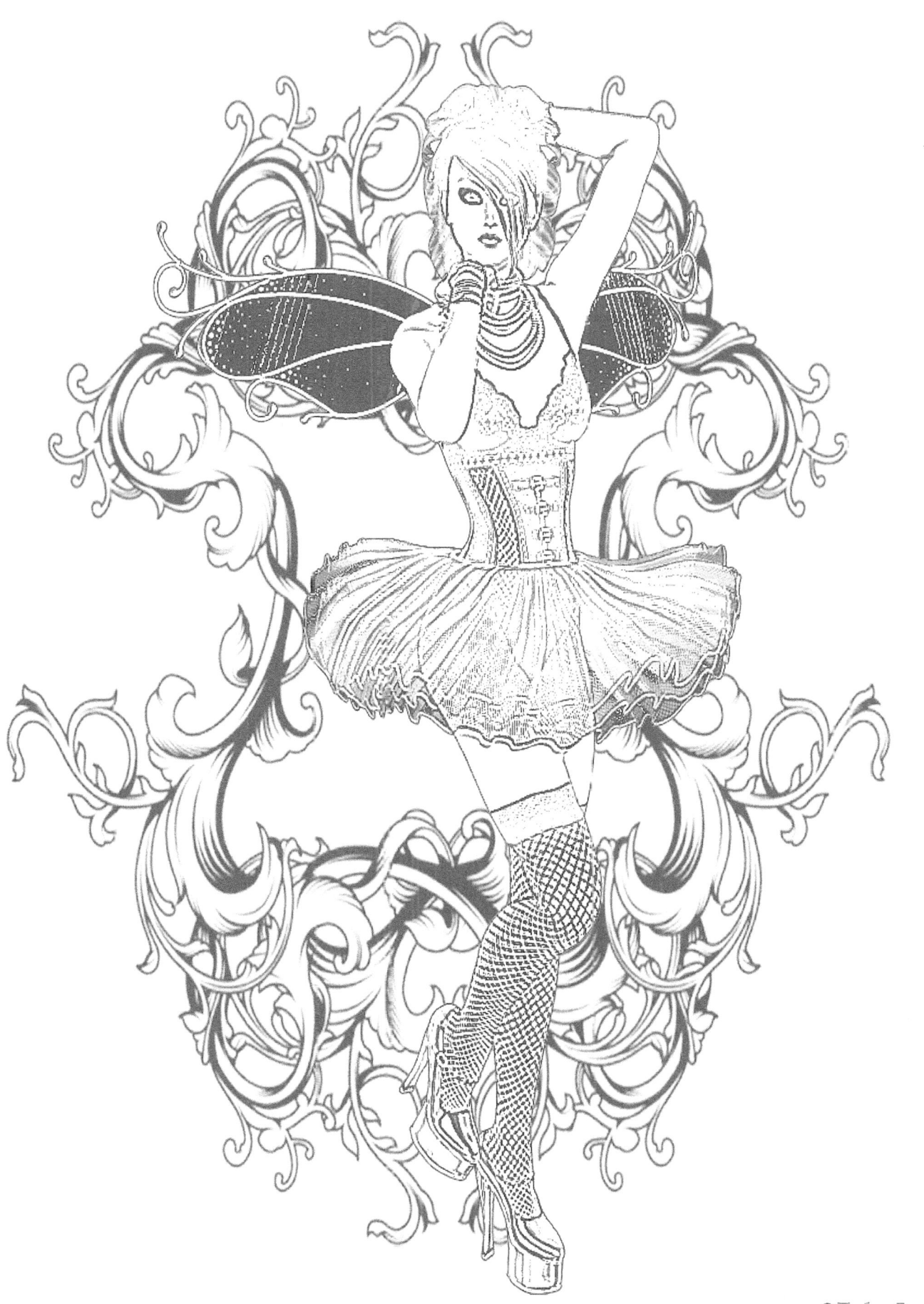

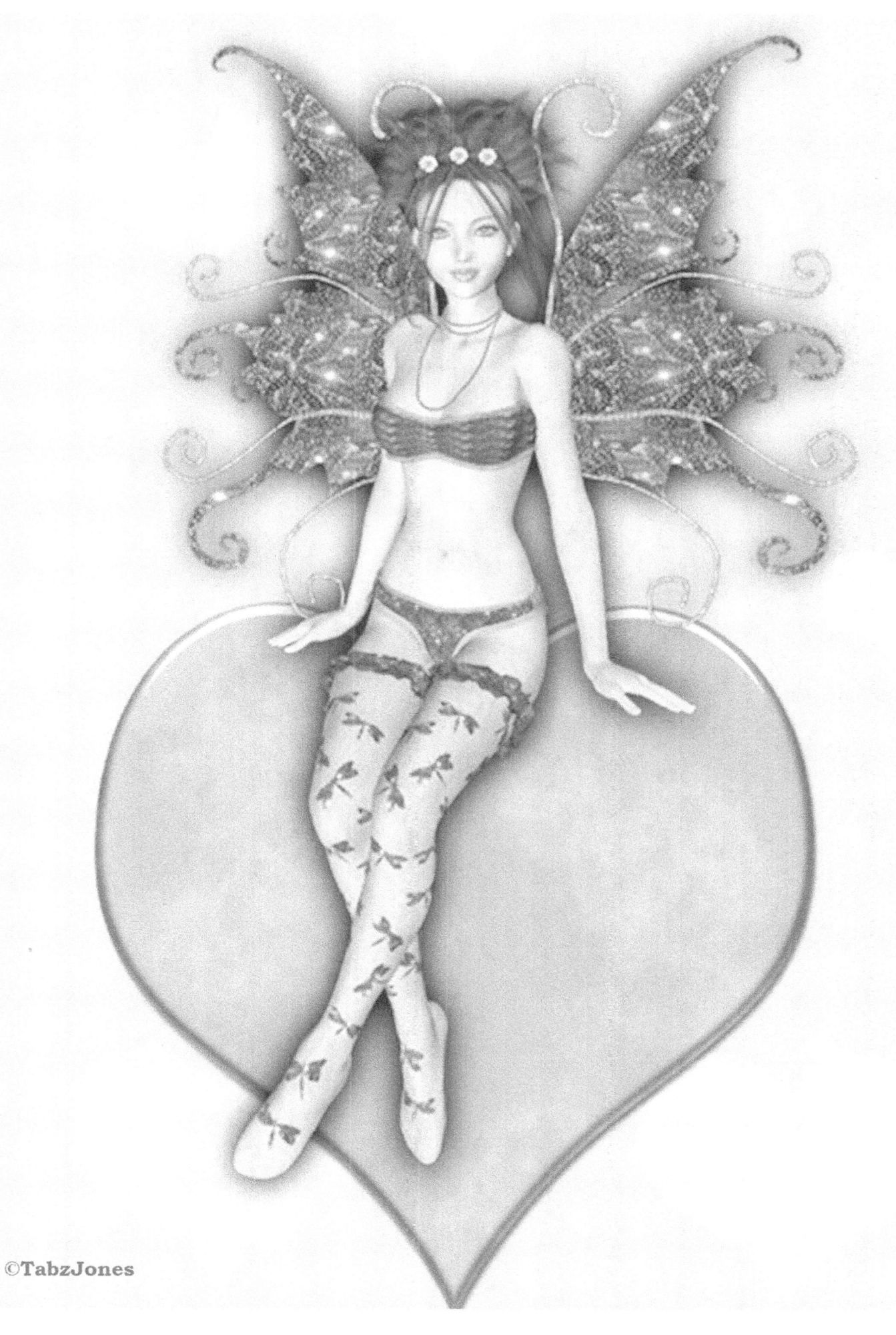

©TabzJones

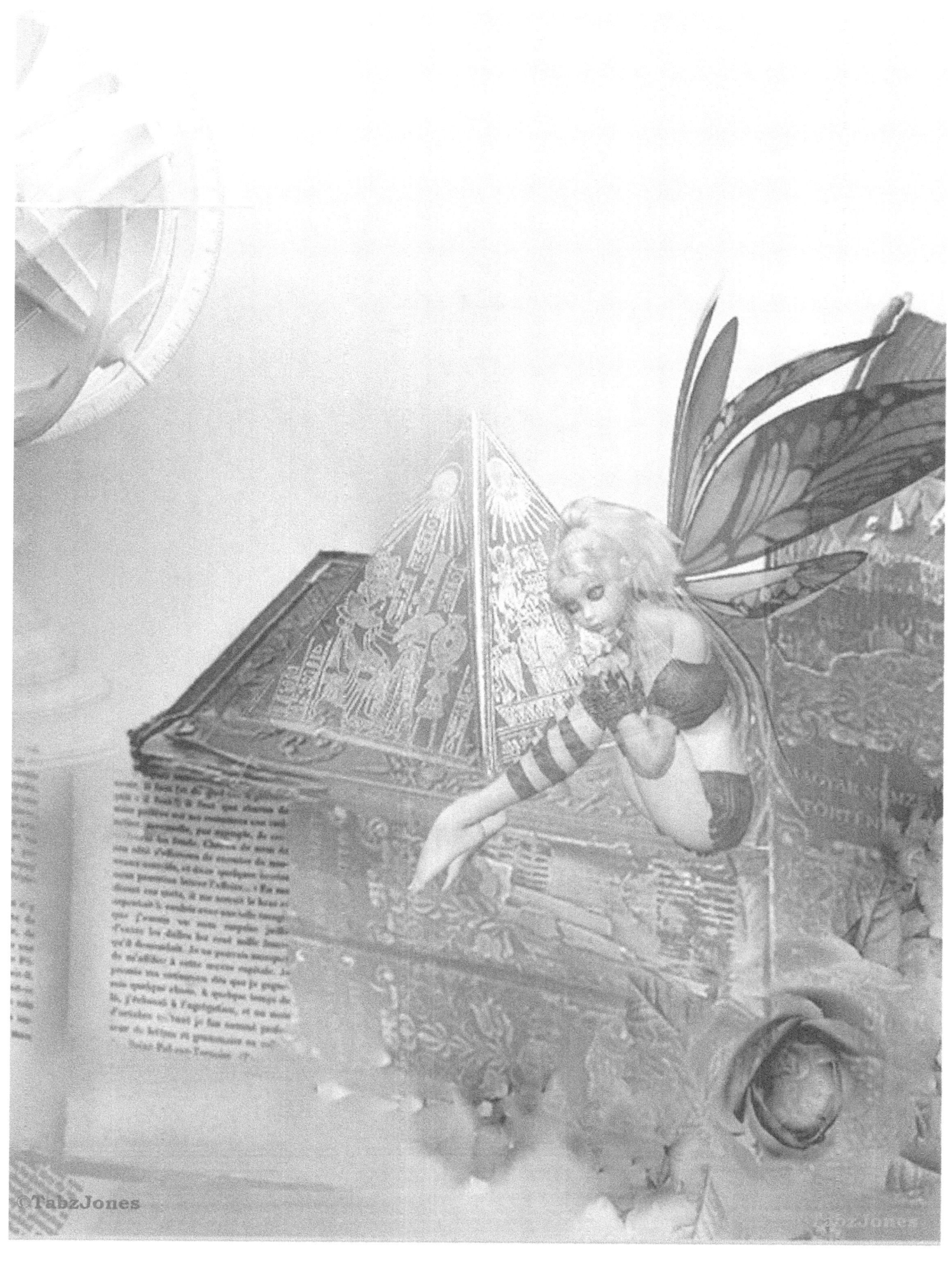

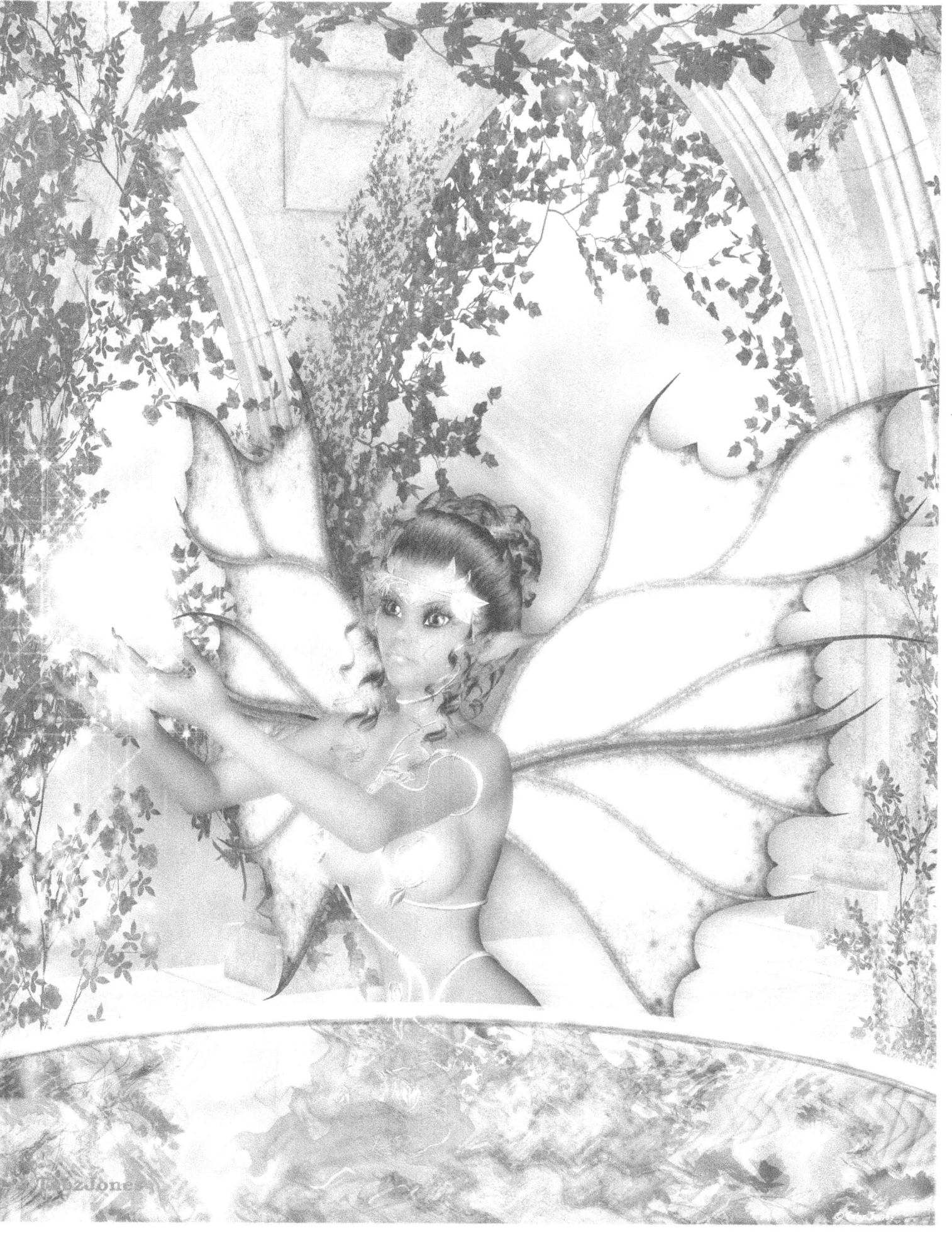

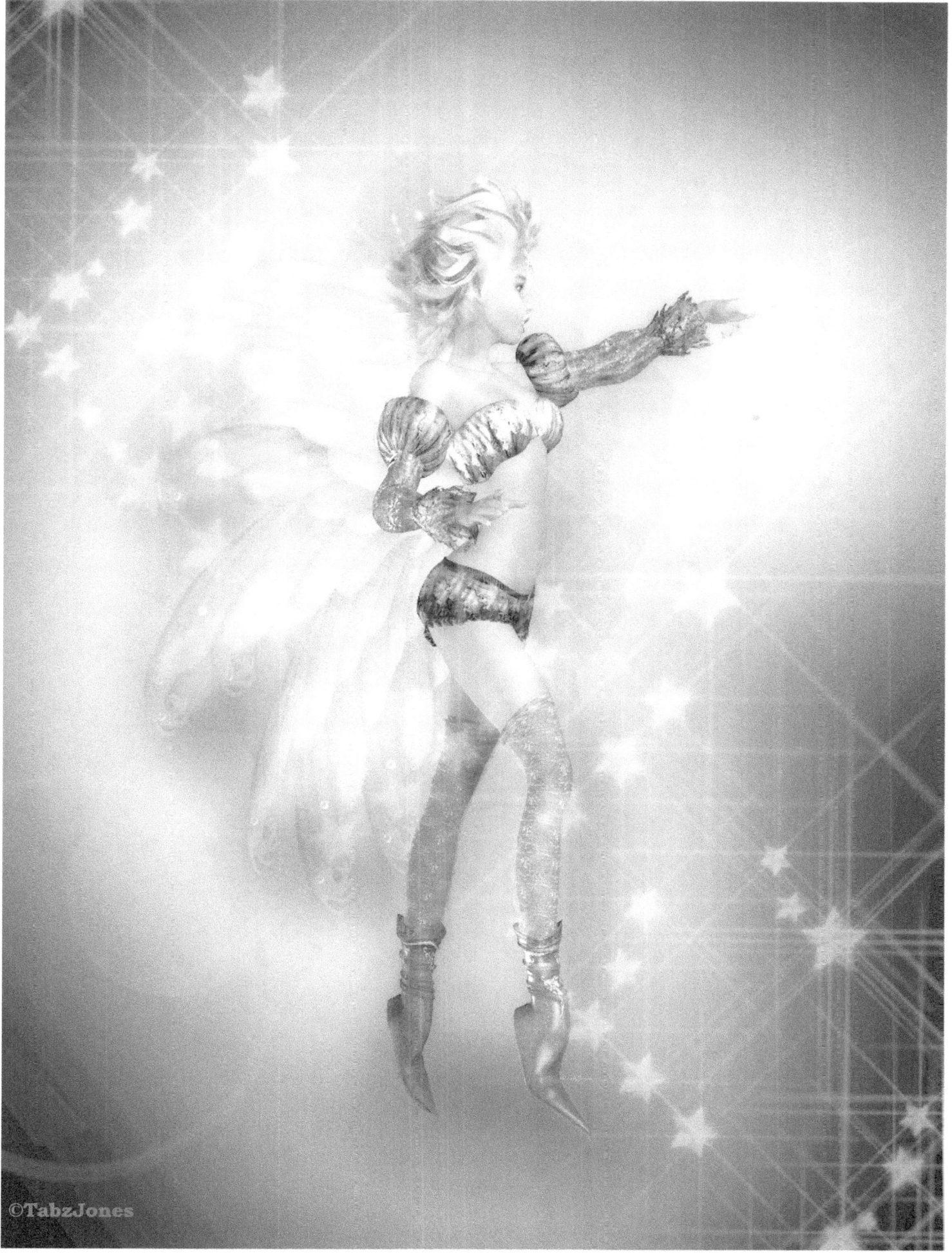

©TabzJones

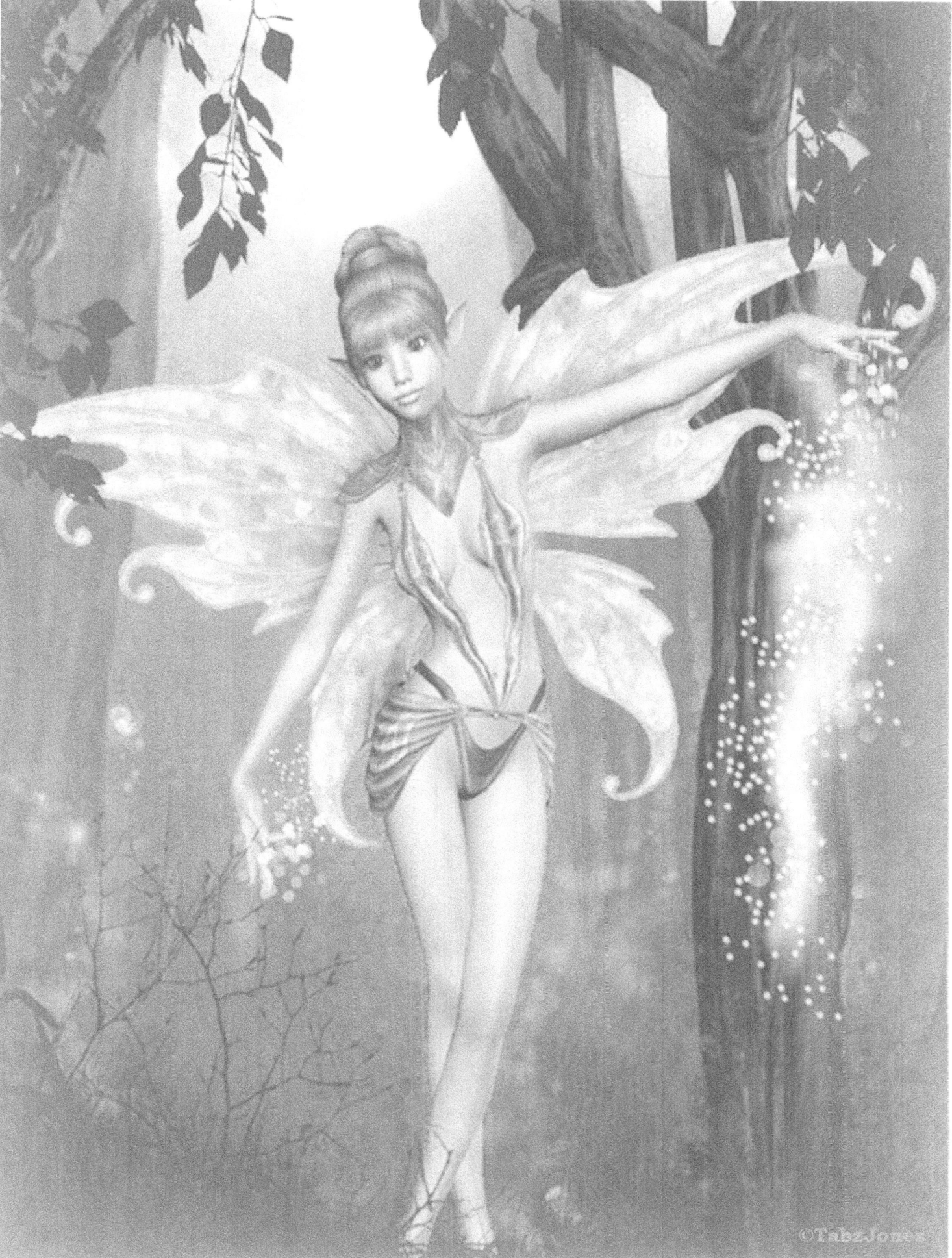

©TabzJones

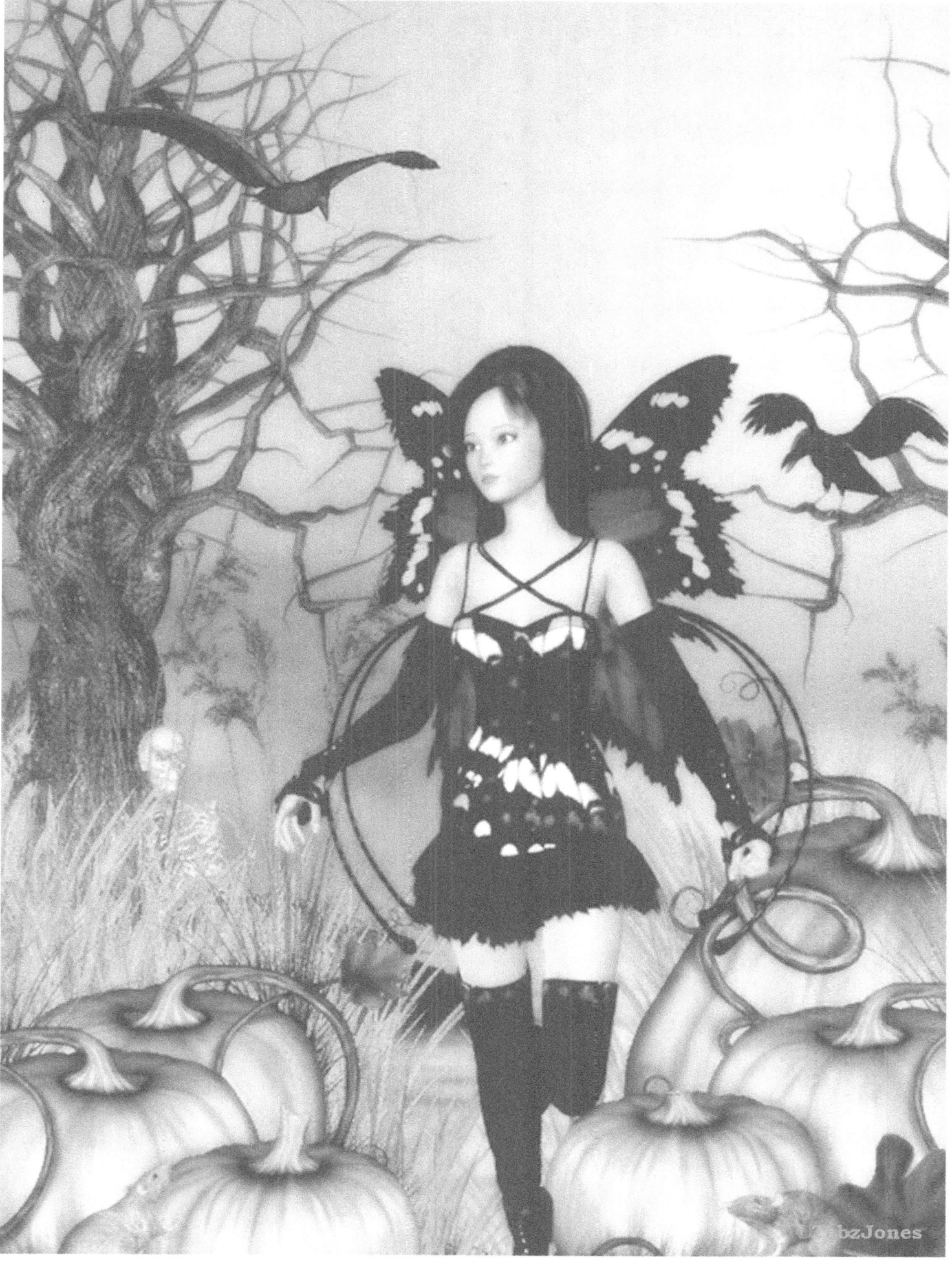

bzJones

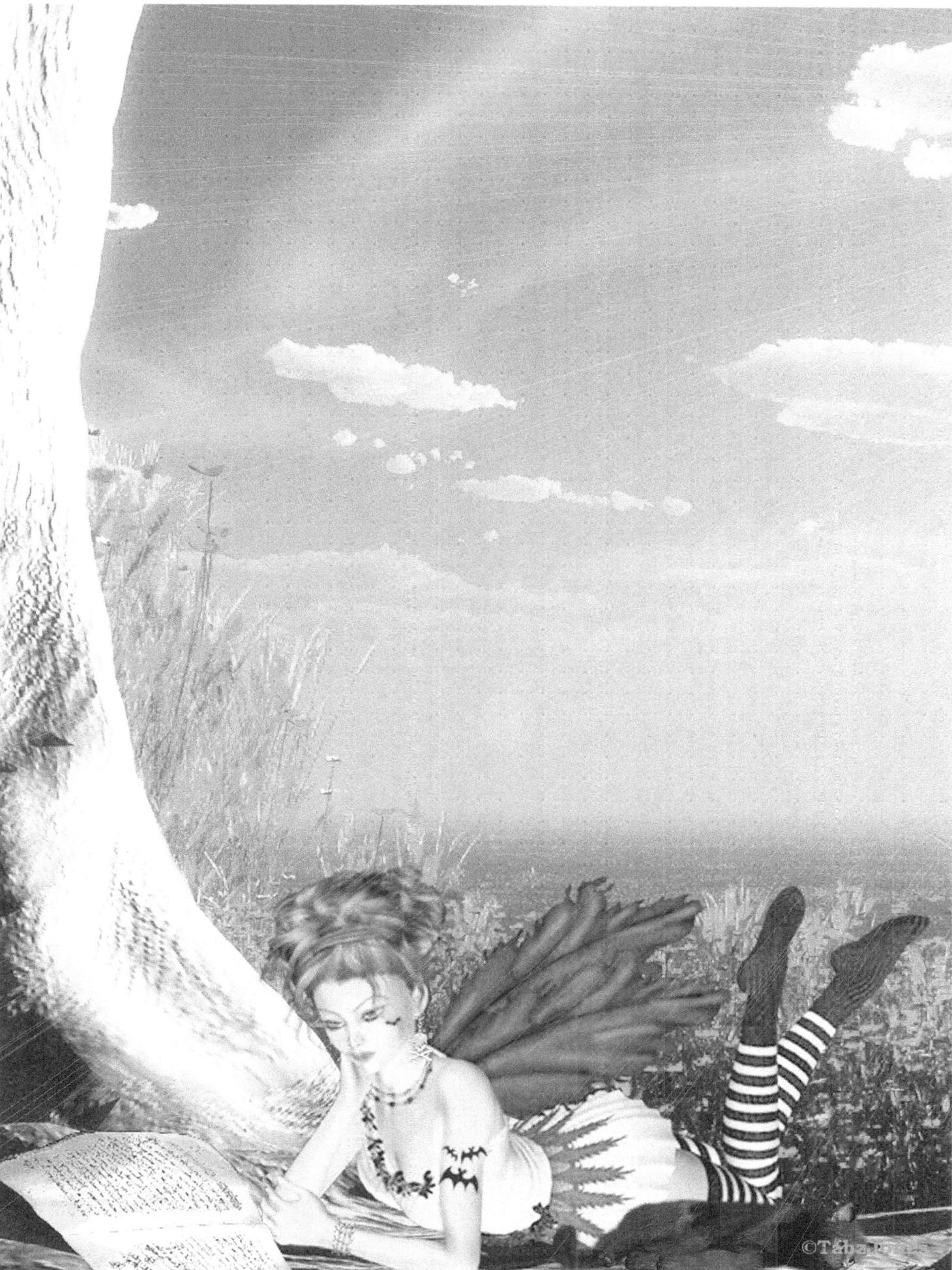

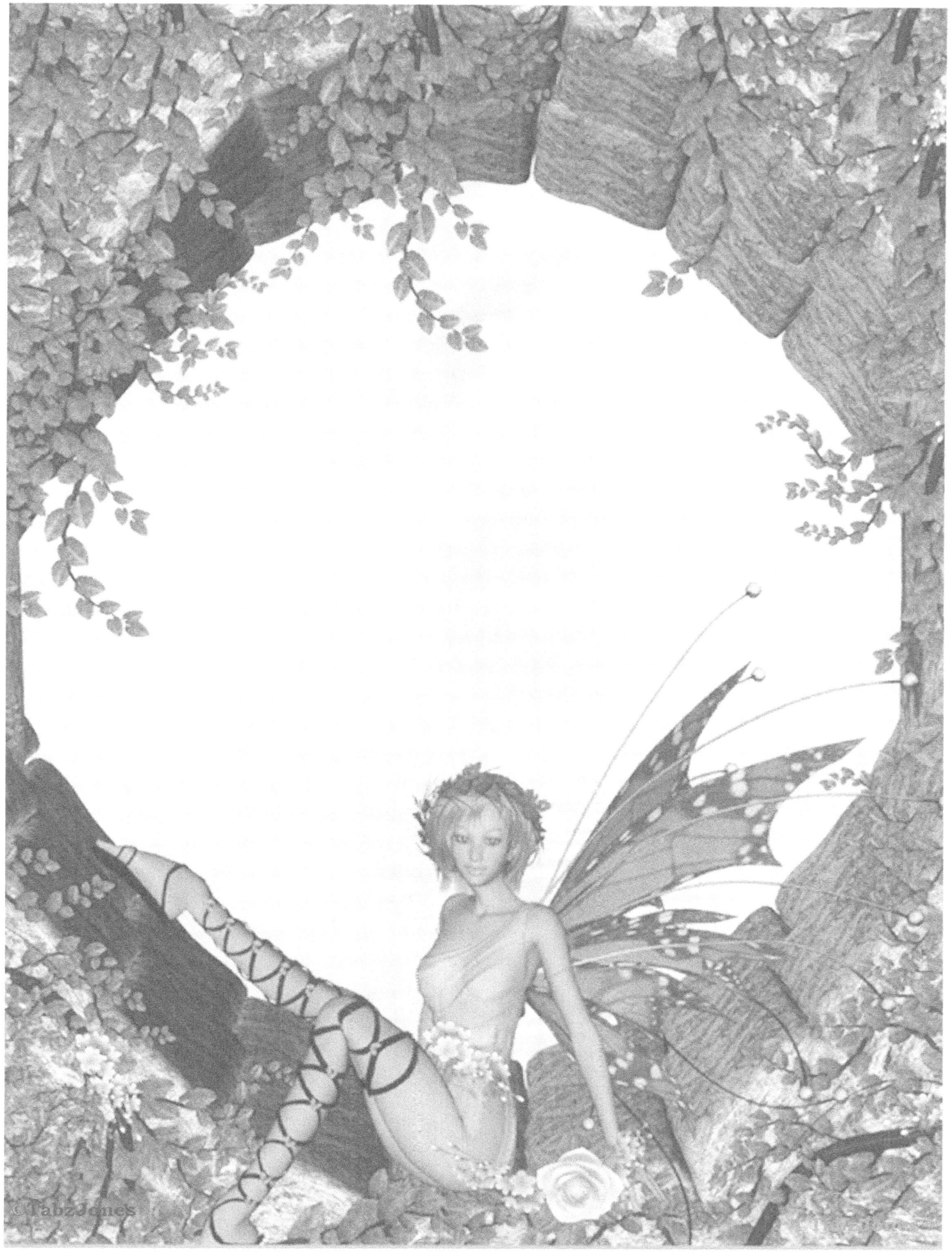

© Tabz Jones

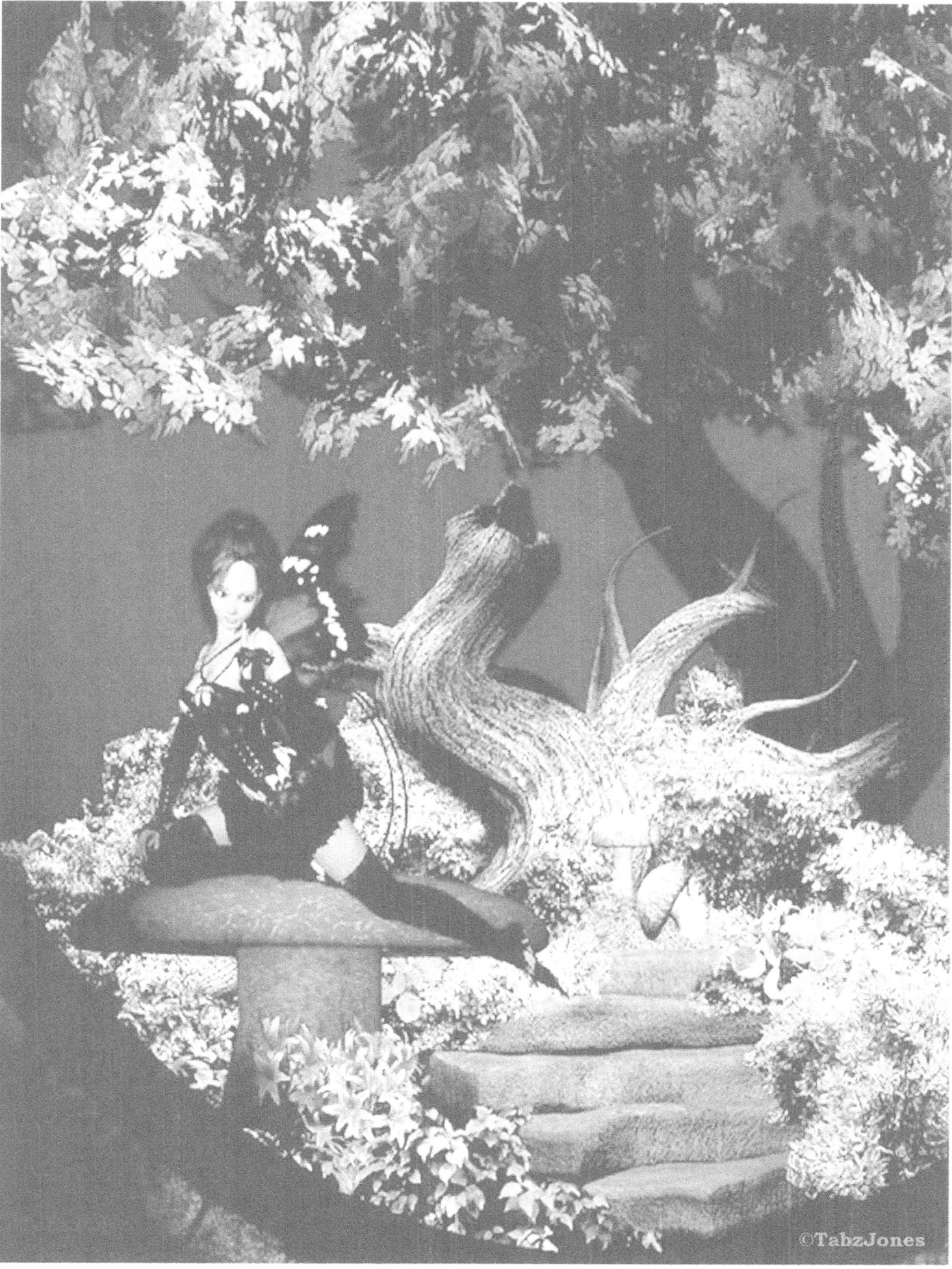

©TabzJones

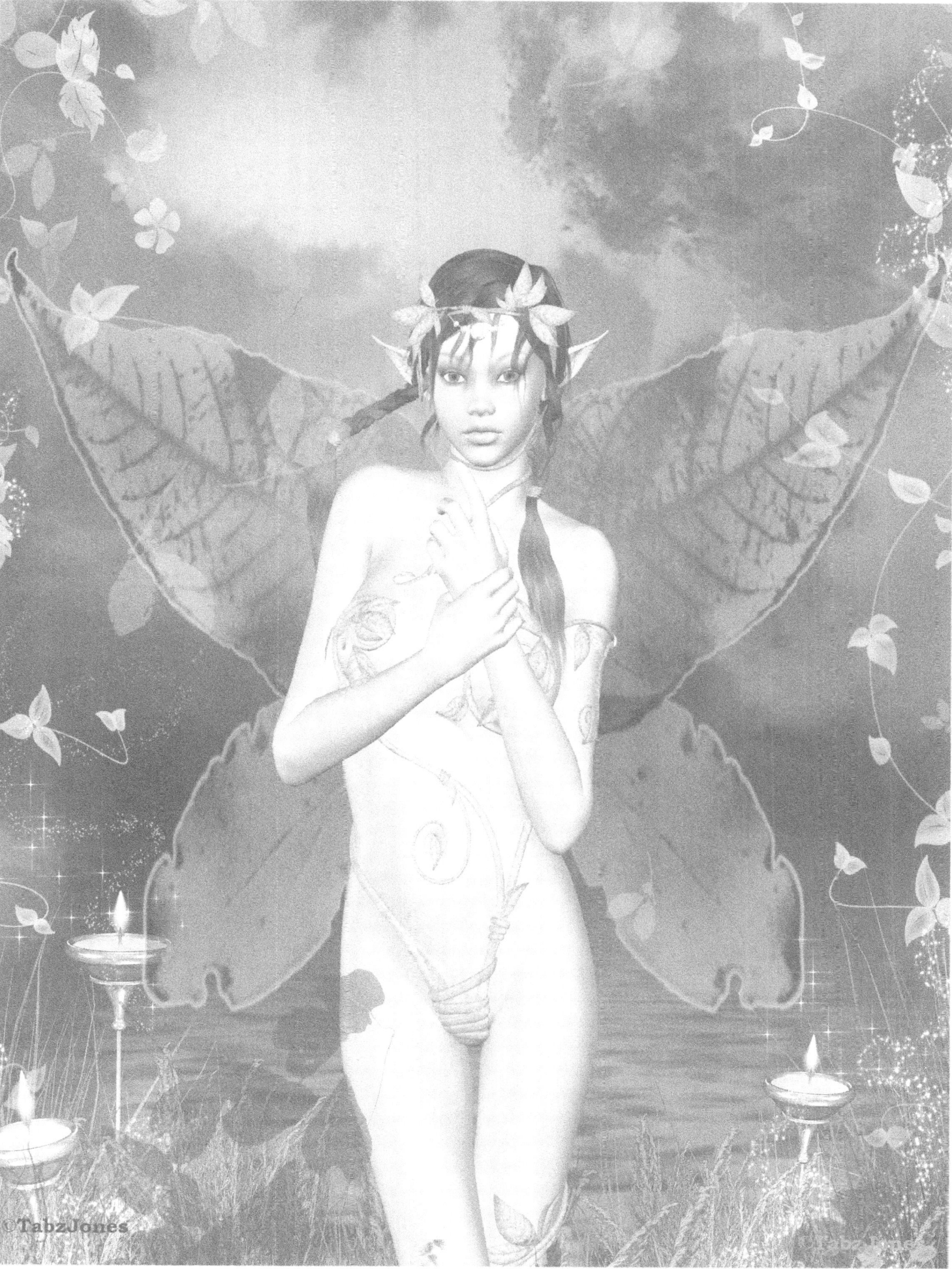

© TabzJones

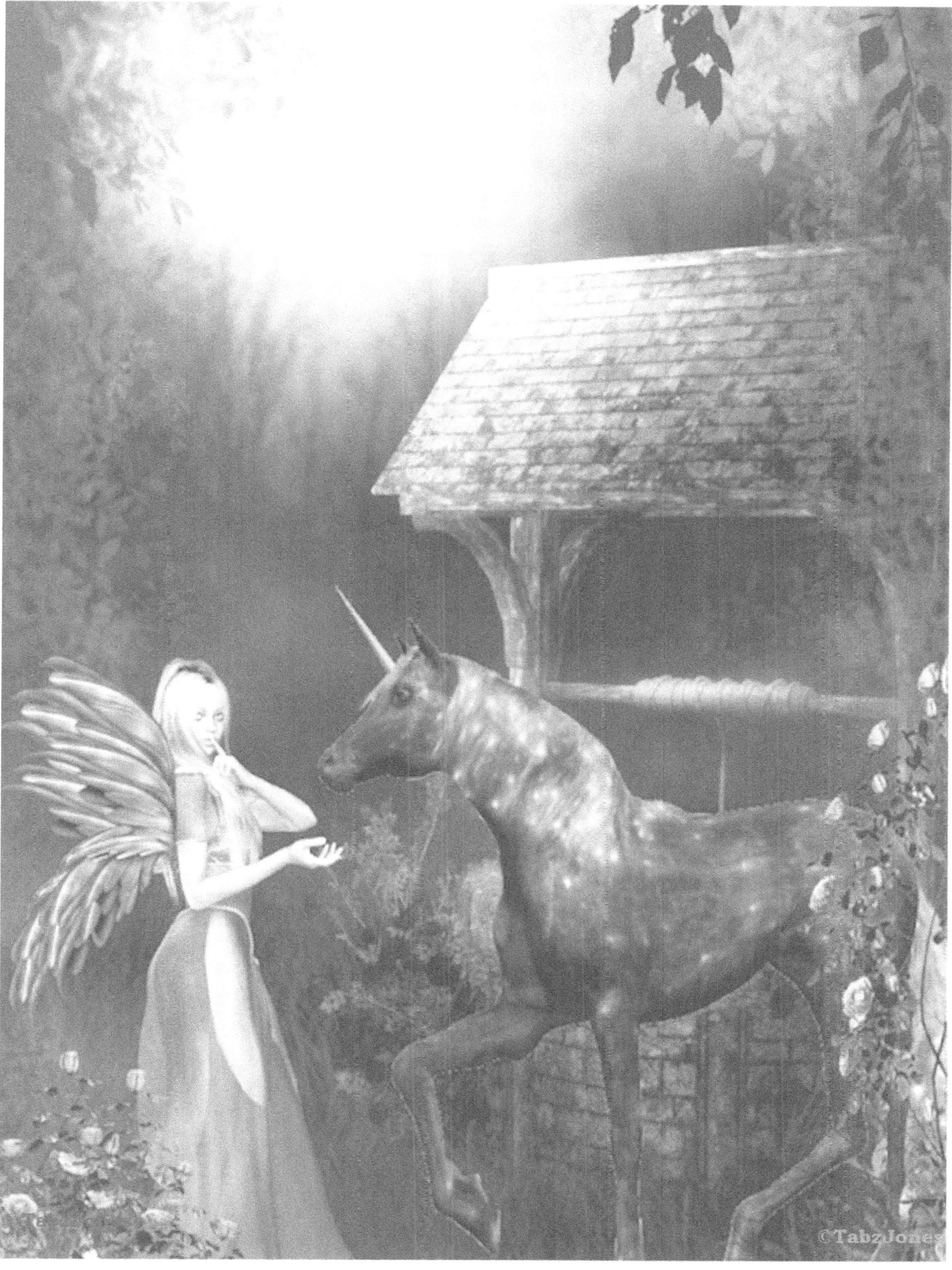
©TabzJones

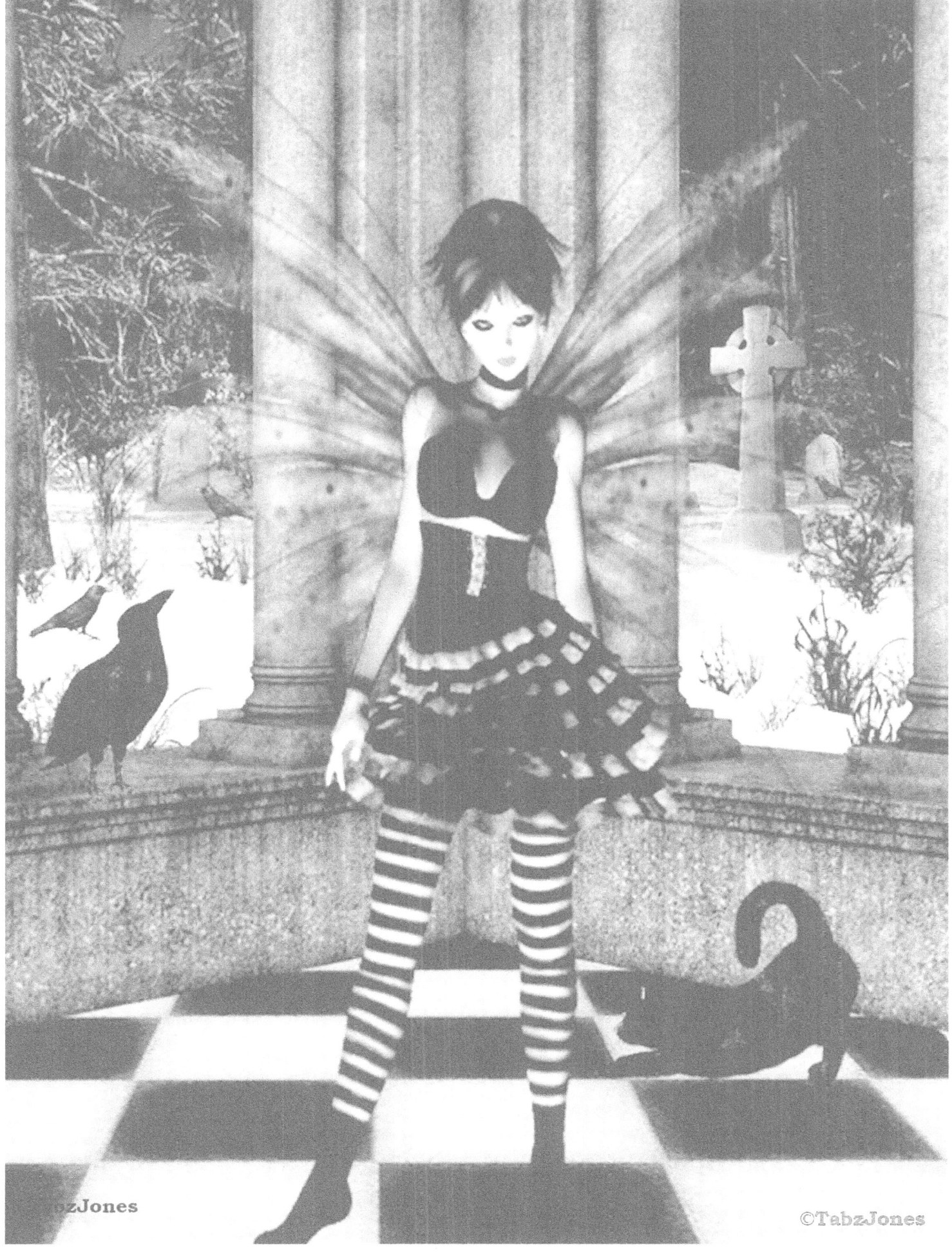

©TabzJones

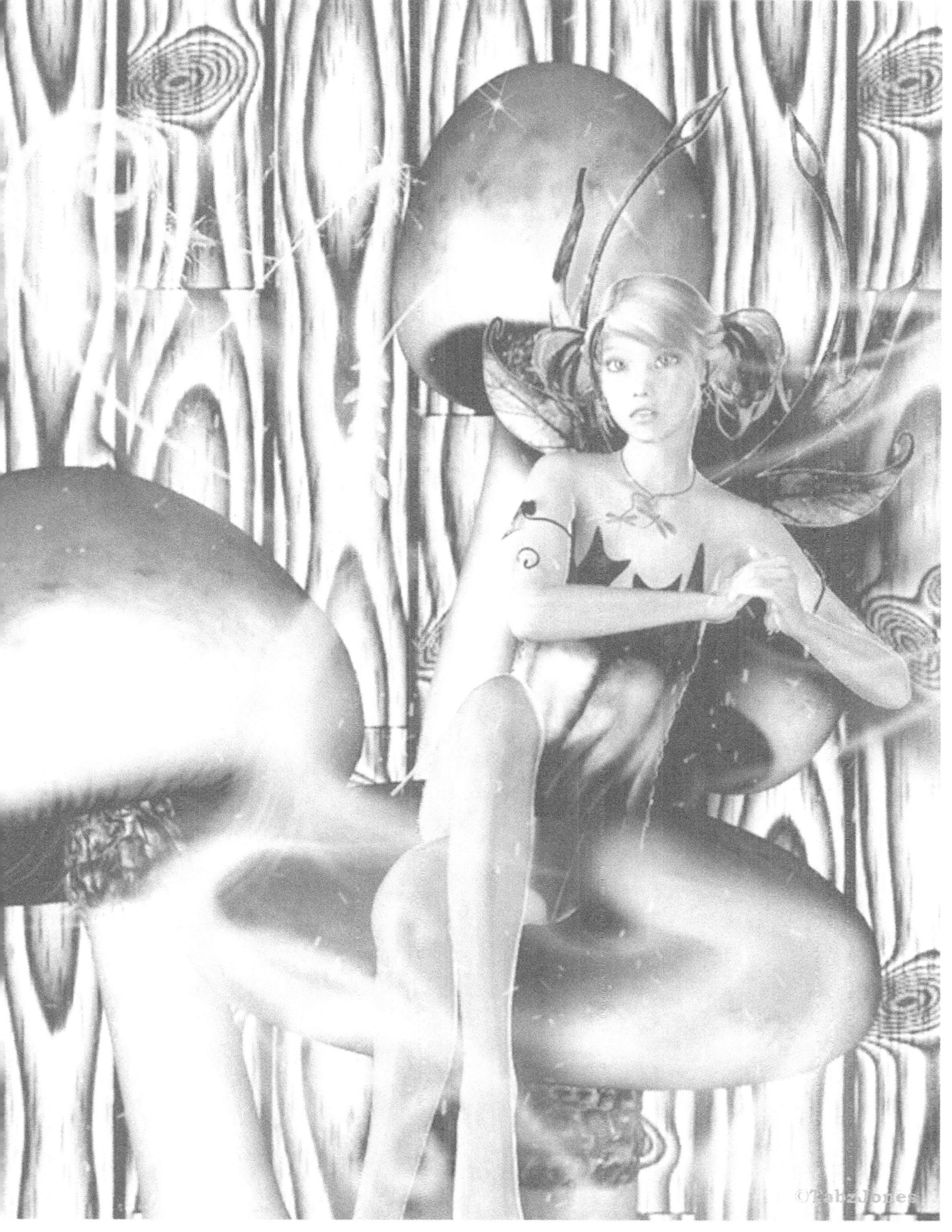

©TabzJones

www.ingramcontent.com/pod-product-compliance
Lightning Source LLC
Chambersburg PA
CBHW080602190526
45169CB00007B/2850